Was ich dir sagen möchte...

Geh immer deinen Weg

Gedanken von
VALENTIN PFEIFENBERGER

Aufgezeichnet von
Caroline Kleibel

Gewidmet all jenen,
die dieses Buch lesen und denen ich auf diesem Weg
alles Gute, Frieden, Freude, Gesundheit und Gottes Segen wünsche.

Mein Pfarrersein hat mit einer Puppentaufe begonnen. So gehst du deinen Weg mit Gelassenheit, dort wo du hingesetzt worden bist in der Welt. Mir hat Gott eben diesen Weg gewiesen. Genau so gut hätte es ein anderer gewesen sein können. Ich hab mir nie etwas ausgesucht. Auch nicht die Pfarreien. Dort, wo keiner hinwollte, in abgelegene Gegenden, bin ich gekommen. Das hat mich nie gekümmert.

Ist doch ein jedes Fleckchen wertvoll, wenn du einmal dorthin kommst.

Das Gleichnis

Ehe ich mich der Theologie zuwandte, habe ich ein philosophisches Studium absolviert. Mein Lehrer nannte mich damals „philosophus, non theologus", „Philosoph, nicht Theologe". Der Philosoph sagt, mit Gleichnissen oder Beispielen kannst du etwas deutlich machen. Auch Christus hat oft in Gleichnissen gesprochen. Die höchste Form theologischer Erkenntnis ist es, den Sinn dieser Gleichnisse zu verstehen.

Der Sinn der Glaubensgeheimnisse bleibt immer gleich. Worum es geht, ist, ihn in angemessener Sprache verständlich zu machen.

Der Glaube

Der Glaube ist eine Gnade, ein Geschenk Gottes.
Er stützt sich auf dessen Wort. Unsere Sinne können uns täuschen,
unsere Überzeugung kann irren, unser Glaube nicht. „Glauben"
heißt nicht „wissen", sondern „für wahr halten".

Und diese Gnade des Glaubens ist es, die dir hilft, deine Befähigung zum Bösen zu überwinden.

Das Abendmahl

Leonardo da Vinci stellt in seinem großartigen Fresko Jesus mit seinen Jüngern beim letzten Abendmahl dar. Ehe Jesus von Judas verraten wurde und seinen Weg zur Kreuzigung antrat, nahm er zum Abschluss das Brot und einen Becher mit Wein und er sprach darüber das göttliche Wort: „Das ist mein Leib, der für euch hingegeben wird. Das ist mein Blut des neuen und ewigen Bundes, das für euch und für alle vergossen wird zur Vergebung der Sünden. Tut dies zu meinem Gedächtnis." Damit hat er, ohne dass Speis und Trank anders ausgesehen oder anders geschmeckt hätten, das Wunder vollbracht.

Die Sinne täuschen,
nur der Glaube weiß
um das Geheimnis
und seine Wahrheit.

Prangstangen

Christus nahm die Opfergaben des letzten Abendmahls aus der Welt der Pflanzen: Brot und Wein. Auch die Lungauer Prangstangen wachsen aus der Pflanzenwelt. Die größte Pflanze ist der Baum, die schönste Pflanze aber die Blume. Die Prangstangen vereinen beides und sind als Brauch bis heute lebendig geblieben. Wenn du den tiefen Sinn dahinter erkennst, wirst du auch die Prozession mit den Prangstangen nicht als Schauspiel für Neugierige missverstehen.

Es kommt darauf an, die Zusammenhänge zwischen Religion und Brauchtum zu erhalten, um nicht ins Oberflächliche abzugleiten.

Das Brauchtum

Das Brauchtum reicht viel weiter als das gesprochene Wort.

Immer habe ich darauf gesehen, dass die christlichen Bräuche erhalten bleiben. Bräuche können sich ändern, aber sie sollen nicht abkommen. Sie sind nicht nur das Gebräuchliche oder das an Gerätschaften Brauchbare. Das kann vom technischen Fortschritt schnell abgehängt werden. Bräuche sind darum wichtig, weil sie auch den Frieden in einer Gemeinschaft stiften und sichern können.

Der Eselsritt

Der Ritt auf dem Esel, der den Einzug Jesu in Jerusalem symbolisiert, das ist meine Osterfreude. In so einem Hinterwinkel muss man sich eine Gaudi machen. Und so ziehe ich mich halt an, lege das rote Mäntelchen um und setze das Palmkränzchen auf. Genau gleich haben die Pfarrer es früher gemacht. Das ist also nichts Neues.
Ich sehe den Eselsritt auch als Reaktion auf das Zweite Vatikanische Konzil. Seit die Osterfeier vom Karsamstag Nachmittag in die Osternacht verlegt wurde, gibt es für die Kinder keine Auferstehungsfeier mehr. In der Nacht, da schlafen die „Pumpanigl". Früher haben sie ihre beste Kleidung für diesen Anlass angelegt. Das war wichtig, denn Kleider machen zwar Leute – sagt man –, aber ebenso eine festliche Stimmung.

Ohne den Eselsritt bleibt den Kindern nur der Osterhase.

Der Osterhase

Nichts gegen den Osterhasen.
Dieses österliche Symbol erhält seine Erklärung
nach meiner Ansicht so: Die Spurzeichen
des Hasen sind wie die Wunden des
Auferstandenen.
Die hinteren Springer gibt er
auseinander, die vorderen
blendet er zusammen.
Das wiederholt sich.
Im Schnee – und im Lungau liegt
zu Ostern noch oft Schnee –
sind diese Spuren dann sichtbar.

Die Spurzeichen des Hasen
sind wie die Wunden
des Auferstandenen.

Begehrlichkeit

Gott hat seine Gebote dem Menschen in das Gewissen geschrieben.
Die beiden letzten Gebote nennen uns die Ursache des Neides,
nämlich die Begehrlichkeit. Da schreibt Gott vor: „Du sollst nicht begehren
deines Nächsten Frau und deines Nächsten Gut."
Du willst haben, was der andere auch hat – und so geht es dahin.
In vielerlei Hinsicht ist der übertriebene Wohlstand nicht günstig für die
Pflege von Religiosität.
Aber Gott weist darauf hin, dass die Freuden und die Genüsse
dieses Lebens nicht die letzten und die bleibenden erst im ewigen Leben
zu erwarten sind. In der Bergpredigt erklärte Jesus den Sinn des Verzichts:
„Selig sind die Armen, ihrer ist das Himmelreich, selig sind die Trauernden,
sie werden getröstet werden."

> O Gott ich empfiel mich
> in deine Heilige, mach mich
> nicht Reich und nicht Arm!
> Reichthum ist gefährlich
> Armuth ist Beschwerlich
> darum bitt ich dich!
> Allein im Mittel
> 18 Bunkt zu sein! 89

Christus hat uns die Gnade und damit die Kraft gegeben, seine Gebote zu erfüllen.

Nächstenliebe

Der christlich ethische Grundwert der Nächstenliebe gilt zu allen Zeiten und für alle Menschen, weil wir nur auf diese Weise ein friedliches Miteinander erreichen. Gott verkündete seine Gebote auf dem Berg Sinai und Moses schrieb sie auf zwei steinerne Tafeln. Dann freilich setzte Christus den zehn Geboten gewissermaßen ein Motto voran für das Neue Testament: „Du sollst Gott aus deinem ganzen Herzen lieben." Und: „Du sollst deinen Nächsten lieben wie dich selbst."

Damit wurde die Nächstenliebe zu deiner größten Pflicht als Christ.

Menschenrechte

In den zehn Geboten heißt es: „Du sollst niemandem Leid zufügen."
„Du sollst die Ehe nicht zerstören." „Du sollst niemanden bestehlen."
„Du sollst niemanden belügen." „Du sollst niemandes Frau oder Eigentum
begehren." Diese Gebote sind zwar negativ als Verbote formuliert,
aber sie enthalten auch einen positiven Aspekt. Sie gehen auf die Rechte
unserer Mitmenschen ein: Das Recht auf geordnete Verhältnisse, das Recht
auf Leben und damit auch auf medizinische und soziale Betreuung,
das Recht der Eheleute und Kinder auf Geborgenheit in einer Familie,
das Recht auf Eigentum, das Recht auf wahrhafte Information,
das Recht auf Schutz vor der Begehrlichkeit anderer Menschen.

In der internationalen
Deklaration der
Menschenrechte
erkennst du den
Geist der
zehn Gebote.

Unser Papst Johannes Paul hat eine sehr zeitgemäße Darstellung
der Hölle gegeben. Sie sei nicht ein Ort des Feuers, in dem die Teufel
den Verdammten alle denkbaren Qualen antun, wie das ein Fresko
in der Kirche von St. Michael im Lungau recht drastisch zeigt.

*Die Hölle ist vielmehr ein Zustand.
Ein Zustand der Verzweiflung,
der Verlassenheit, der Lieblosigkeit,
der Hoffnungslosigkeit.*

An die Kinder

Gott und den Nächsten zu lieben sind die höchsten Gebote. Wenn es heißt: „Du sollst deinen Nächsten lieben wie dich selbst", dann sind zuerst jene gemeint, die dir am allernächsten stehen: deine Eltern. Sie werden im vierten Gebot Gottes ausdrücklich genannt: „Du sollst Vater und Mutter ehren, auf dass du lange lebest und es dir wohl ergehe auf Erden". Das Wort „ehren" heißt aber nicht „lieben", sondern „in Ehren halten", sie „respektieren".

An die Eltern

Das vierte Gebot bestimmt allerdings auch, was die Eltern ihren Kindern über die materielle Sicherheit hinaus zu geben haben: das gute Beispiel nämlich, das Vorbild an Ehrlichkeit, Gerechtigkeit, Fleiß und Glauben.

Bevor ihr den Menschen
predigt, wie sie sein sollen,
zeigt es ihnen an euch selbst.
Fjodor M. Dostojewski

Das Leben

Alles Leben kommt aus der Hand Gottes.
Wenn dein Herz in einer Minute 60-mal schlägt,
dann ergibt das in einer Stunde 3.600 Schläge
und in einem Tag 86.400 und in einem Jahr fast
32 Millionen Schläge.
Erreichst du das Alter von 75 Jahren,
dann hat dein Herz zweieinhalb Milliarden
Schläge gemacht. Schon den Herzschlag
des Ungeborenen kann die Mutter in ihrem
Leib wahrnehmen.
Das fünfte Gebot sagt: „Du sollst nicht töten."
Kein Mensch ist uneingeschränkt Herr über
das Leben anderer, auch nicht über das
der Ungeborenen.

So erinnert dich dein Herzschlag stets daran, dass Gott der Urheber allen Lebens ist.

Das Alter

König Salomon beschreibt uns in Bildern das Altern: An den Fenstern Regen, weil du viel hast weinen müssen. Die Töchter des Gesanges müssen sich bücken, weil du so schlecht hörst. In der Mühle sind nur mehr wenige Müller, weil du alle deine Zähne verloren hast. Der Schöpfeimer leckt, weil du so schwer Atem schöpfst. Der Schmied arbeitet mit dem Hammer nicht mehr richtig, das ist dein Herz. Die Fundamente des Hauses erzittern und die Säulen wanken, weil das Gehen schon sehr unsicher geworden ist. Der Mandelbaum blüht, weil deine Haare grau geworden sind.

Auch das Alter hat seine Blüte.

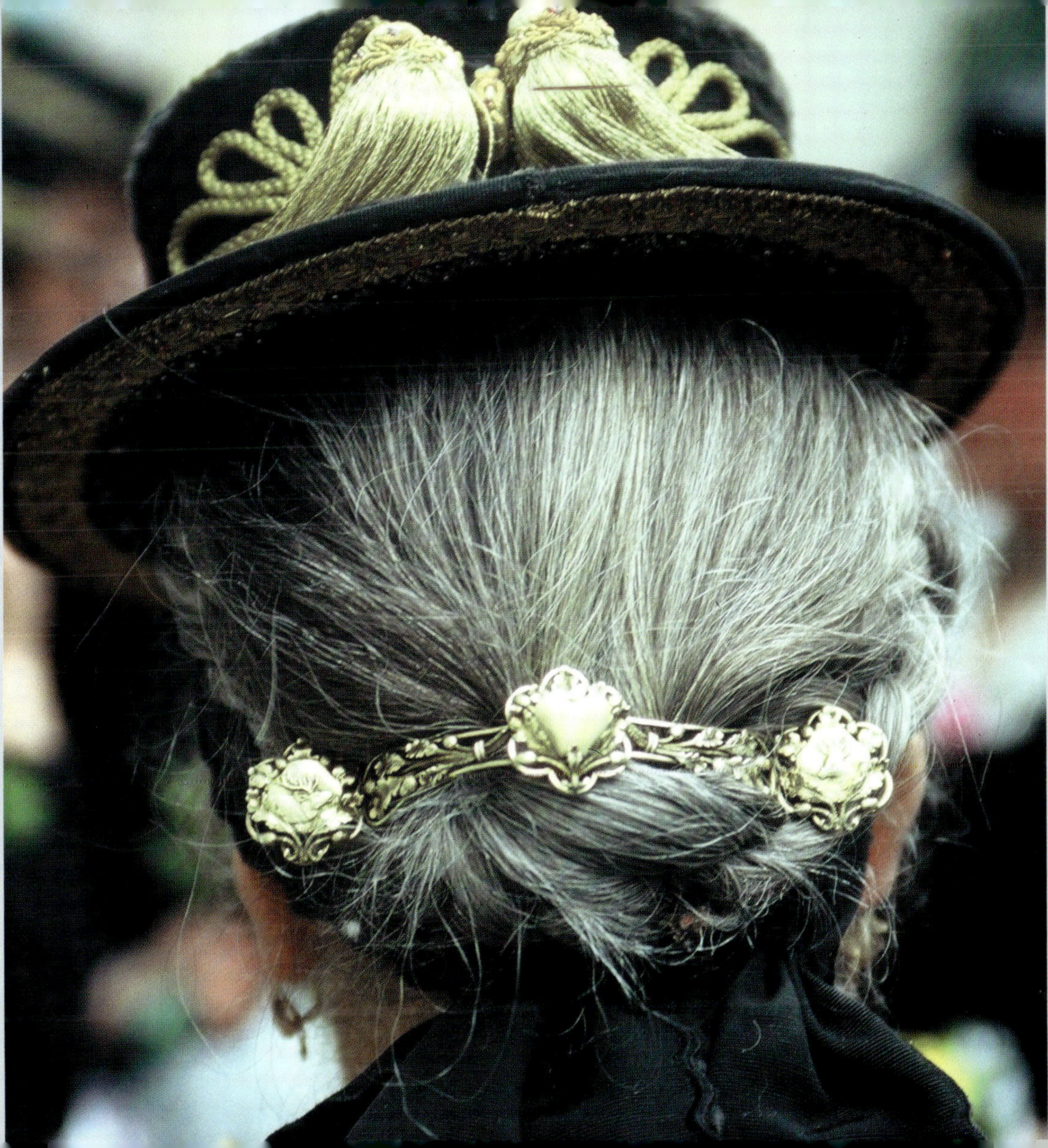

Das Lachen

Bei meinen Krankenbesuchen erzähle ich gerne
Anekdoten und Witze. Lachen ist wichtig,

...denn das Lachen ist ein Gesundheitsmittel und vertreibt trübe Gedanken.

Lachen

Der Zeitenlauf

Die Neuzeit geht zu Ende. Im Zeitenlauf einer zu Ende gehenden Epoche kommt immer eine Beschleunigung der Menschheitsgeschichte in Gang. Alle Gelehrten wissen das. Wie das aber kommt, scheint niemand zu wissen. Der Himmelvater, der am Webstuhl der Zeit sitzt, schafft diese Gegebenheit. Vergleichen kann man das nur mit dem Weberschiffchen. Es enthält eine Spule, die den Querfaden macht.

Und diese Spule dreht sich umso schneller, je weniger Faden noch vorhanden ist, weil der Drehradius kürzer wird.

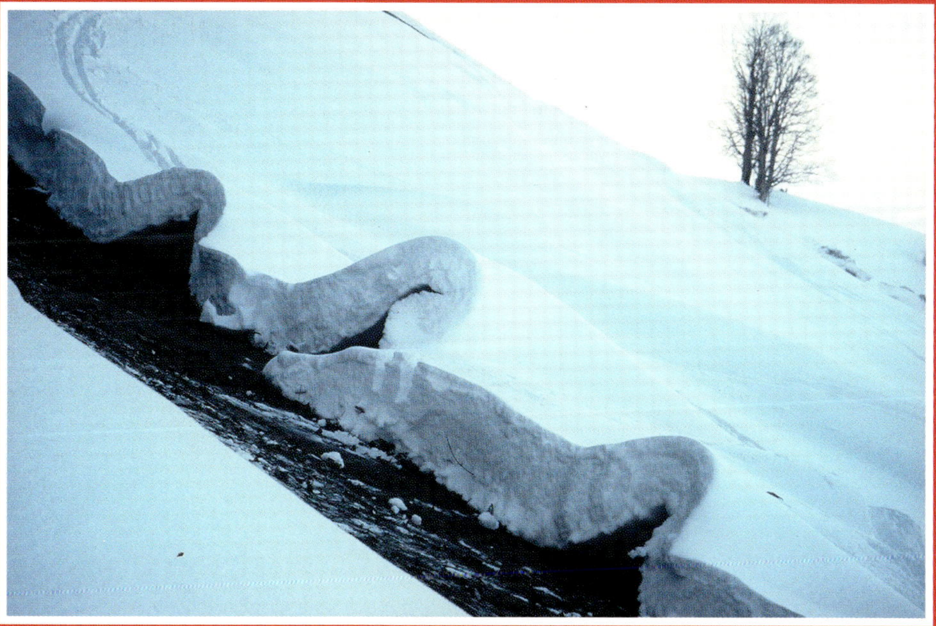

Wir verehren den Heiligen Florian, den großen Märtyrer Österreichs,
als Patron der Feuerwehr. Er war ein hoher römischer Beamter und wurde
wegen seines Christentums erst zwangspensioniert, dann verhaftet und
schließlich ertränkt. Dargestellt wird er mit einem Wasserkübel, mit dem er
den Brand eines Hauses löscht, und mit einer Fahne in der Hand.
Wir wissen nicht, wie vielen Gefahren wir durch die Schutzengel
und die umsichtige Feuerwehr oft schon entronnen sind.
Der Heilige Florian ist aber auch der Patron der Kaminkehrer
und der Patron der Zeit. Kommt die Feuerwehr nicht zeitgerecht,
so bremst nichts den Brand. Das regt an zu einer Frage, die dich am
Ende deiner Tage vielleicht bedrückt: „Was reut mich am meisten?"

Trachte danach, dass du dir am Ende deiner Tage nicht eingestehen musst, deine Zeit auf dieser Welt mit Unnützem vergeudet zu haben.

Das Gebet ist im Wesentlichen ein Bitten nach der helfenden Gnade Gottes, nach der von ihm ausgehenden Anregung zum Guten.

Jenes Gebet, das uns Jesus selbst gelehrt hat, das „Vaterunser", ist seine Zusage. Er sagt uns damit, dass er uns das tägliche Brot gibt, dass er unsere Sünden vergibt, dass er uns erlöst. Immer wieder.

Es ist gut, immer wieder dasselbe Gebet zu sprechen. Schließlich sind auch unsere Situationen und Probleme im Grunde immer wieder dieselben: „Und führe uns nicht in Versuchung." Jeden Tag kommen Versuchungen daher, mit denen wir fertig werden müssen. Die Gefahr des Sündigens besteht immer.

Das Gebet

Brot und Vergebung brauchen wir täglich.

Zu guter Letzt

Ich habe dir vieles gesagt. Gescheites? Ich weiß nicht.

Es muss auch nicht alles immer g'scheit sein...

Valentin Pfeifenberger, der Pfarrer von Thomatal, wurde am 13. November 1914 als drittes von sieben Kindern in Zederhaus geboren. Der „Bischof vom Lungau" wurde er oft genannt, oder liebevoll freundschaftlich einfach nur der „Voitl". Weit über die Grenzen des Salzburger Gebirgsgaues hinaus war Pfarrer Valentin Pfeifenberger vielen Menschen ein Begriff als Bewahrer alter Bräuche, die ohne ihn schon längst in Vergessenheit geraten wären. Besonders bekannt war sein alljährlicher „Palmeselritt". Gekonnt wob der „Voitl" treffende Bilder und traditionelle Bräuche in den liturgischen Jahreskreis ein und betonte dabei das immer Wiederkehrende. „Denn schließlich", so sagte er, „sind ja auch die Situationen und Probleme, vor denen wir stehen, im Grunde immer wieder dieselben." Aus seinem aufrichtigen Glauben und seiner tiefen Frömmigkeit heraus versah er seinen „Gottesdienst" am Mitmenschen. Und er tat das stets mit dem ihm eigenen Humor.

In diesem Buch formuliert Valentin Pfeifenberger seine Gedanken über den Glauben, die Nächstenliebe, die Begehrlichkeit, das Alter, über Gebote und Gebete. Seine Gleichnisse und berührenden Deutungen von religiösem Brauchtum übermitteln bleibende Botschaften und regen zum „nach Denken" an.

Valentin Pfeifenberger verstarb am 7. Juli 2004.

Caroline Kleibel, Autorin und freie Journalistin in Salzburg, hat aufmerksam zugehört und einfühlsam aufgezeichnet, was Valentin Pfeifenberger uns über Gott, die Welt und unseren Weg darin sagen möchte.

FOTONACHWEIS

Wir bedanken uns für die zur Verfügung gestellten Fotos.
Titelbild: Walter Schweinöster
Innenteil: Clemens M. Hutter
Das Lachen: Designer Fond Collection Vol. 12

Das Werk einschließlich seiner Teile ist urheberrechtlich geschützt. Jede Verwertung außerhalb der engen Grenzen des Urheberrechts ist ohne Zustimmung des Verlages unzulässig und strafbar. Das gilt insbesondere für Kopien sowie der Einspeicherung und Verarbeitung in elektronischen Systemen.

2. Auflage

ISBN 3-902404-11-6
© 2004 ecowin Verlag Salzburg. www.ecowin.at